JADE - Die Template-Engine für node.js

Jörg Krause

JADE - Die Template-Engine für node.js

Jörg Krause

This book is for sale at http://www.amazon.de/JADE-Die-Template-Engine-f%C3%BCr-node-js/dp/3734782511

Diese Version wurde veröffentlicht am 2015-09-09

ISBN 978-1517282097

Leanpub

Das ist ein Leanpub-Buch. Leanpub bietet Autoren und Verlagen mit Hilfe des Lean-Publishing-Prozesses ganz neue Möglichkeiten des Publizierens. Lean Publishing bedeutet die permanente, iterative Veröffentlichung neuer Beta-Versionen eines E-Books unter der Zuhilfenahme schlanker Werkzeuge. Das Feedback der Erstleser hilft dem Autor bei der Finalisierung und der anschließenden Vermarktung des Buches. Lean Publishing unterstützt de Autor darin ein Buch zu schreiben, das auch gelesen wird.

Ebenfalls von Jörg Krause

Einführung in node.js

Reguläre Ausdrücke

express - Middleware für node.js

Dieses Bändchen ist für alle gedacht, die sich durch die ersten Schritte der Softwareentwicklung kämpfen oder ihr Wissen auf den aktuellen Stand bringen möchten.

Die Zukunft der Softwareentwicklung liegt im Web, in der Cloud, oder wo auch immer. In jedem Fall nicht auf einem isolierten, lokalen System. Dieses Bändchen ist Teil einer Serie von Titeln, die dabei helfen sollen, sich den Herausforderung der Webentwicklung zu stellen. Die Themen sind nicht zwingend brandneu, sondern eher zur Bildung einer thematischen Einheit gedacht.

Alle Bändchen sind ganz oder in Ausschnitten auch auf meinem Blog unter www.joergkrause.de zu finden und sind gedruckt, als E-Book (EPUB und Kindle) oder online als PDF und HTML verfügbar. Begleitende Kurse zum Thema sind bei www.IT-Visions.de buchbar.

Inhaltsverzeichnis

JADE – die Template-Engine

Diese Bändchen beschreibt kompakt und übersichtlich die in der Express-Middleware standardmäßig eingesetzte Template-Engine Jade. Express gehört zum Node.js-Stack. Das heißt, alle hier gezeigten Beispiele und Kommandos sind nur in einer Node.js-Umgebung lauffähig.

Zielgruppe

Dieses Bändchen wendet sich an Anfänger und an Webentwickler, die neu in der MEAN-Welt sind. MEAN steht für "MongoDb Express AngularJs Node" und bezeichnet eine komplett auf JavaScript basierendes Entwicklungs-Ökosystem. Jade ist eine Option für die Erstellung von Ansichten in Express.

Vielleicht sind Sie aber auch ein Webdesigner, der JavaScript als eine hervorragende Möglichkeit entdeckt hat, seine Webseiten mit dynamischen Elementen aufzuwerten. Dabei haben Sie mit Texten zu tun, mit Formularen, mit der Darstellung von Datenbankinhalten, also alles, was eine dynamische Website ausmacht. Dann wird Ihnen dieses Bändchen einen der Teilaspekte, nämlich das Erzeugen des HTML auf dem Server, in besonders übersichtlicher Form zeigen.

Auf alle Fälle habe ich mich bemüht, keine Voraussetzungen an den Leser zu stellen. Sie müssen kein Informatiker sein, keine Programmiersprache perfekt beherrschen, keine höhere Mathematik kennen. Egal in welchem Zusammenhang Sie auf Jade gestoßen sind, Sie werden diesen Text lesen können.

MEAN

Um alle Beispiele nachvollziehen zu können, benötigen Sie eine lauffähige Node.js-Umgebung. Diese wird auch als "MEAN" (MongoDb, Express, AngularJs, Node) bezeichnet. Jade ist die standardmäßig benutzte Template-Engine der Middleware- und Routingkomponente *Express*. Ein weiteres Bändchen der Reihe "Jörgs Webbändchen" widmet sich Express und natürlich steht auch eine Einführung in *node.js* selbst bereit.

Wenn Sie diesen Text zufällig gefunden haben und mit dem Begriff "MEAN" nichts anfangen können, lesen Sie es trotzdem. Sie werden eine der modernsten Techniken der Webentwicklung kennenlernen und künftig gehören Sie zum Kreis hervorragender Entwickler, die hochperformante und zukunftsorientierte Websites bauen.

Was Sie wissen sollten

Leser dieser Reihe müssen kaum Voraussetzungen mitbringen. Etwas HTML kann nicht schaden und wer schon mal eine statische HTML-Seite gesehen hat (den Quellcode natürlich) kommt sicher gut rein. Ich gehe davon aus, dass Sie wenigstens ein aktuelles Windows-System haben. Sie können die Umgebung direkt auf Windows installieren oder auf Linux. Wenn Sie Windows 8 oder 10 haben, können Sie die Hyper-V-Umgebung nutzen, um darauf ein Ubuntu-Linux zu installieren. Es ist einfacher als Sie denken und auf jeden Fall einen Versuch wert.

Wie Sie diesen Text lesen können

Ich will Ihnen nicht vorschreiben, wie Sie diesen Text lesen sollten. Beim ersten Entwurf der Struktur habe ich mehrere Varianten ausprobiert und dabei festgestellt, dass es die ideale Form nicht gibt. Wenn ich mich an den verschiedenen Anwendungsarten orientiere, zerfällt der Text in mehrere Kapitel, die nicht im Zusammenhang miteinander stehen. Der eine oder andere Leser würde sich dann ärgern, dass er viel Geld für ein Buch ausgibt, das nur zu einem Fünftel verwendbar ist. Diese Bändchen löst das Problem, indem es auf ein sehr kleines Thema fokussiert ist und kein "bla-bla" zur Aufblähung des Umfangs dabei ist.

Anfänger sollten den Text als Erzählung lesen, von der ersten bis zur letzten Seite. Wer sich schon etwas auskennt, kann die für ihn weniger interessanten Abschnitte gefahrlos überspringen. Falls Bezüge notwendig sind, habe ich entsprechende Querverweise eingefügt.

Schreibweisen

Das Thema ist satztechnisch nicht einfach zu beherrschen, denn Skripte sind oft umfangreich und es wäre schön, wenn man die beste Leseform optisch unterstützen könnte. Ich habe deshalb oft zusätzliche Zeilenumbrüche benutzt, die der Lesbarkeit dienen, im Editor Ihrer Entwicklungsumgebung aber nichts zu suchen haben.

Generell wird jeder Programmcode mit einer nicht proportionalen Schrift gesetzt. Außerdem verfügen Skripte über Zeilennummern:

```
1  function test(d){
2    return (d != undefined);
3  }
```

Wenn Sie etwas am Prompt oder in einem Dialogfenster eingeben müssen, wird dieser Teil der Anweisung fett geschrieben:

$ npm start

Ausdrücke und Befehlszeilen sind manchmal mit allen Arten von Zeichen gespickt und in fast allen Fällen kommt es auf jedes

Zeichen an. Besonders das Leerzeichen ist nicht, wie in anderen Programmiertexten, beliebig verwendbar. Sie müssen genau so viele Zeichen eingeben, wie angegeben sind. Damit Sie Leerschritte richtig erkennen, werden diese wo es darauf ankommt mit dem Symbol • gekennzeichnet (ein kleiner Punkt in der Mitte der Zeile):

```
1   grep -w /^\\s*(•?)+/
```

Oft werde ich die Verwendung bestimmter Zeichen in einem solchen Ausdruck genau erläutern (ich lasse Sie wirklich nicht mit solchen Zeichenschlangen allein). Dann werden die "wichtigen" Zeichen durch Zeilenumbrüchen alleingestellt und auch in diesem Fall werden Zeilennummern dazu dienen, das betroffene Symbol im Text exakt zu referenzieren (Beachten Sie das #-Zeichen in Zeile 6):

```
1   !!! 5
2     html(lang='en')
3       head
4     title= title
5     body!= body
6       div#navigation!= partial('navigation.jade')
```

Jade nutzt Einrückungen zur Struktur. Die Leerzeichen am Anfang einer Zeile haben eine semantische Bedeutung. Die Schrift ist nicht-proportional, sodass die Zeichen abzählbar sind.

Symbole

Um die Orientierung bei der Suche nach einer Lösung zu erleichtern, gibt es eine ganz Palette von Symbolen, die im Text genutzt werden.

 **Tipp**

Dies ist ein Tipp

Information

Dies ist eine Information

 ## Warnung

Dies ist eine Warnung

Über den Autor

Jörg arbeitet als Trainer, Berater und Software-entwickler für große Unternehmen weltweit. Bauen Sie auf die Erfahrung aus 25 Jahren Arbeit mit Web-Umgebungen und vielen, vielen großen und kleinen Projekten.

Jörg sind vor allem solide Grundlagen wichtig. Statt immer dem neuesten Framework hinterher zu rennen wären viele Entwickler besser beraten, sich eine robuste Grundlage zu schaffen. Wer dies kompakt und schnell lernen will ist hier richtig. Auf seiner Website www.joergkrause.de sind viele weitere Informationen zu finden.

Jörg hat über 40 Titel bei renommierten Fachverlagen in Deutsch und Englisch verfasst, darunter einige Bestseller.

Kontakt zum Autor

Neben der Website können Sie auch direkten Kontakt über www.IT-Visions.de aufnehmen. Wenn Sie für Ihr Unternehmen eine professionelle Beratung zu Web-Themen oder eine Weiterbildungsveranstaltung für Softwareentwickler planen, kontaktieren Sie Jörg über seine Website[1] oder buchen Sie direkt über http://www.IT-Visions.de.

Dr. Holger Schwichtenberg

---

[1]http://www.joergkrause.de

1. Einführung in JADE

Jade ist eine Template-Engine für Express, der Middlware- und Routing-Lösung für Node.js. Sie ist der Standard für Express. Wenn Sie sich also intensiv mit Node.js und Express auseinandersetzen, führt kein Weg an Jade vorbei.

1.1 Übersicht

Jade nutzt eine vereinfachte Darstellung der HTML-Seite durch simple Textbefehle. Praktischerweise entsprechen diese den Namen der HTML-Tags. Da HTML eine Hierarchie aufbaut und Jade keine schließenden Tags kennt, muss die Baumstruktur anders entstehen. Jade nutzt dazu Einrückungen im Texteditor. 2 Leerzeichen zeigen an, dass das folgende Element ein Kindelement ist.

Editor einrichten

Damit Jade funktioniert, muss der Texteditor auf eine Einrückung durch die TAB-Taste von 2 Zeichen eingestellt werden.

Vorbereitung

Jade setzt voraus, dass Sie mit *node.js* arbeiten und die Middleware *Express* nutzen. Der einfachste Weg zu einer funktionierenden Umgebung geht über ein schrittweises Abarbeiten der Bausteine einer node.js-Installation.

Installationsanleitung

Sie finden eine vollständige Anleitung als beglei-
tendes Video zum Buch auf meinem Youtube-Kanal
"JoergIsAGeek". Es zeigt die Installation folgender
Komponenten:

- Installation eines Ubuntu-Servers auf Hyper-V
- Installation von NPM und Node.js
- Aktivierung von Express und Jade
- Nutzung von Git und Bower zur Einrichtung von Bootstrap
- Aufbau eines Applikationsskeletts

Der Zeitaufwand inkl. Zeit zum Herunterladen be-
trägt ca. 2 Stunden.

Damit steht die Umgebung, und der Beschäftigung mit Jade steht
nichts im Weg.

Installationsanleitung

Zur Installation gibt es wenig Besonderheiten. Jade benötigt Express. Falls dies mit der Videoanleitung bereits installiert wurde,
kann dieser Schritt überprungen werden. Ansonsten folgen Sie der
Schrittfolge hier.

Installieren Sie nun das Jade-Paket. Ich habe meine Projekte unter
/home/joerg/Apps und für dieses Bändchen dann unter *Jade* ab-
gelegt. Legen Sie dann einen Ordner *views* an, in dem eine erste
Testseite entstehen wird (sie befinden sich in *Apps*):

```
1   mkdir Jade
2   cd Jade
3   npm install express
4   npm install jade
5   npm init
6   npm install express --save
7   mkdir views
```

Abbildung: Beschreibung der Applikation

npm init erstellt die Node.js-Applikation. Dabei wird eine Paket-Datei erzeugt, deren Werte interaktiv abgefragt werden. Die erzeugte Paket-Datei kann noch manuell angepasst werden.

Legen Sie in dem neu erstellten Applikationsverzeichnis *Jade* eine Datei mit dem Namen *index.js* an. Sie hat folgenden Inhalt:

```
1  var express = require('express');
2  var app = express();
3
4  app.get('/', function (req, res) {
5    res.send('Hallo Express!');
6  });
7
8  var server = app.listen(3000, function () {});
```

Starten Sie nun den Node-Server:

```
1  npm start
```

```
joerg@joerg-DevMachine:~/Apps/Jade$ npm start

> Jade@0.0.0 start /home/joerg/Apps/Jade
> node ./index.js
```

Abbildung: Start der Applikation

Geben Sie nun im Browser auf dem Entwicklungssystem folgende URL ein: *http://localhost:3000*. Sie sollten dann die "Hallo Express!"-Ausgabe sehen.

Hallo Express

Abbildung: Ausgabe der Seite

1.2 Applikationsstruktur

Express bietet eine Reihe spannender Funktionen. Ich will hier jedoch nur auf Jade eingehen und deshalb ist das manuelle Erzeugen und nutzen einer View einfacher. Lesen Sie "Jörgs Webbändchen" zu Express, um mehr über die Applikationsstruktur herauszufinden.

Die einfachste Nutzung von Jade besteht aus zwei Bausteinen. Zum einen die erste View, *index.jade*:

Datei: index.jade

```
1  doctype html
2  html(lang='en')
3    head
4      title= title
5    body!= body
6      h1 title
```

Zum anderen wird das "Hallo Express"-Beispiel so verändert, dass nun statt des statischen Texts die View benutzt wird:

Datei: index.js

```
1  var express = require('express');
2  var app = express();
3  app.set('view engine', 'jade');
4
5  app.get('/', function (req, res) {
6    res.render('index', {
7      title: 'Hallo Jade!'
8    });
9  });
10
11  var server = app.listen(3000, function () {});
```

Zum einen wird hier Jade als Standard vereinbart, sodass keine Dateierweiterung angegeben werden muss und das passende Modul vorab geladen werden kann. Dies passiert durch:

```
app.set('view engine', 'jade);
```

Dann wird statt `res.send` die Funktion `res.render` benutzt. Der erste Parameter ist der Name der View, der ohne Pfad (standardmäßig wird im *view*-Ordner gesucht) und ohne Dateierweiterung (standardmäßig wird nun *jade* benutzt) angegeben werden kann. Der zweite Parameter ist ein Objekt, dass lokale Variablen für die View bestimmt. Jede Eigenschaft des Objekts wird als lokale Variable bereitgestellt. Im Beispiel ist das der Wert *title*.

1.3 Jade-Views

Statt HTML schreiben Sie ab jetzt die Ansichtsseiten in Jade. Noch einmal das eben benutzte Beispiel:

Datei: index.jade

```
1  doctype html
2  html(lang='en')
3    head
4      title= title
5    body!= body
6      h1 title
```

Auf jeder Zeile der View steht zuerst ein HTML-Tag. Statt der Schreibweise in XML-Form (`<title></title>`) nimmt Jade hier eine vereinfachte Darstellung.

```
title= title
```

Der linke Teil ist das HTML-Element. Es folgt ein Gleichheitszeichen, dass die Kodierung bestimmt, also die Behandlung von HTML-spezifischen Entitäten wie < oder >. Dann folgt JavaScript. Da eine lokale Variable mit dem Namen `title` vereinbart wurde, wird dieser Ausdruck hier hingeschrieben. Analog funktioniert das mit `h1`, dass unterhalb des `body`-Elements steht. Der Umgang mit `body` zielt darauf ab, dass Views üblicherweise auf Stammseiten (Layout- oder Master-Seiten) basieren und der eigentliche Inhalt über die Variable `body` (rechts im Ausdruck) zugeordnet wird. Da HTML aus einer Seite direkt übernommen werden soll, wird der Operator `!=` benutzt, der nicht codiert.

Hallo Jade!

Abbildung:Ausgabe durch die View

Umgang mit Teil-Ansichten

Teil-Ansichten (partial views) erlauben das Strukturieren von Views.
Eine Jade-View sieht beispielsweise folgendermaßen aus:

Datei: index.jade

```
1  doctype html
2  html(lang='en')
3    head
4      title= title
5    body!= body
6      include navigation
7      h1= title
```

Mit dem Befehl `include` wird eine weitere View eingebunden,
navigation.jade. Beachten Sie, dass diese ohne Anführungszeichen
und Klammern angegeben wird.

Diese Navigation wird nun in einer weiteren Datei erstellt: *views/-
navigation.jade*:

Datei: navigation.jade

```
1  div#navigation
2    a(href='/') home
```

Hallo Jade!

Abbildung

Umgang mit Layout-Seiten

Eine Layout-Seite ist ein Master, eine Stammseite deren Inhalte von Inhaltsseiten bestimmt werden. Das entspricht der Layout-Seite in ASP.NET MVC oder der Master-Seite in ASP.NET.

Eine Layout-Seite sieht beispielsweise folgendermaßen aus:

Datei: index.jade

```
1  doctype html
2  html(lang='en')
3    head
4      title= title
5    body!= body
6      include navigation
```

Dies unterscheidet sich in kaum von dem vorherigen Beispiel. Lediglich das h1 -Element am Ende fehlt.

Im nächsten Schritt wird die Inhaltsseite erstellt. Sie heißt *views/-content.jade*:

Datei: content.jade

```
1   extends index
2
3   h1= title
4     a(href='http://www.joergkrause.de/') Jörg &lt;Is A Geek&gt;\
5     Krause
```

Sie verweist auf die Layout-Seite. Nun wird das Startskript angepasst, denn Jade rendert zuerst die Inhaltsseite, die ihrerseits die
Layout-Seite aufruft.

Datei: index.js

```
1   var express = require('express');
2   var app = express();
3   app.set('view engine', 'jade');
4
5   app.get('/', function (req, res) {
6     res.render('content', {
7       title: 'Hallo Jade!'
8     });
9   });
10
11  var server = app.listen(3000, function () {});
```

Beachten Sie die res.render-Funktion, die nun *content* statt vorher
index aufruft (Zeile 5).

Jetzt kann der node-Server gestartet werden (im Ordner wo die
Datei *package.json* steht):

npm start

Soweit der Standardport nicht anderweitig vergeben wurde zeigt
der Browser die gerenderte HTML-Seite nun an:

http://127.0.0.1:3000/

Der Einstiegspunkt ist der Aufruf von *res.render* mit dem Argument der Inhaltsseite, *content.jade*. Die Engine sorgt dann für das Laden der Layout-Seite und die Verarbeitung. Der gesamte Vorgang findet also auf dem Server statt.

Abbildung: Ausgabe mit Layout-Seite

Dabei fällt auf, dass die Navigation verschwunden ist. Das ist das normale Verhalten. Denn nun wurde der Inhalt des body-Elements tatsächlich durch eine Inhaltseite geliefert und damit wird der statische Inhalt überschrieben. Freilich gibt es hier einige Optionen, dieses Verhalten zu verändern. Dies wird in der Sprachreferenz genau beschrieben.

2. Sprachreferenz

Im Folgenden finden Sie eine systematische Sprachreferenz basierend auf der Original-Dokumentation. Der Einstieg in die online verfügbaren Informationen ist Github[1].

2.1 Doctype

Der typische HTML 5-Doctype wird direkt folgendermaßen geschrieben:

```
1    doctype html
```

Das erzeugte HTML sieht dann folgendermaßen aus:

```
1    <!DOCTYPE html>
```

Kurzschreibweisen

Wegen der häufigen Nutzung von Doctypes gibt es ein paar Kurzschreibweisen.

```
1    doctype html
```

Das erzeugte HTML sieht dann folgendermaßen aus:

---

[1]https://github.com/jadejs/jade

```
1   <!DOCTYPE html>
```

```
1   doctype xml
```

Das erzeugte HTML sieht dann folgendermaßen aus:

```
1   <?xml version="1.0" encoding="utf-8" ?>
```

```
1   doctype transitional
```

Das erzeugte HTML sieht dann folgendermaßen aus:

```
1   <!DOCTYPE html PUBLIC "-//W3C//DTD XHTML 1.0 Transitional//EN\
2   " "http://www.w3.org/TR/xhtml1/DTD/xhtml1-transitional.dtd">
```

```
1   doctype strict
```

Das erzeugte HTML sieht dann folgendermaßen aus:

```
1   <!DOCTYPE html PUBLIC "-//W3C//DTD XHTML 1.0 Strict//EN" "htt\
2   p://www.w3.org/TR/xhtml1/DTD/xhtml1-strict.dtd">
```

```
1   doctype frameset
```

Das erzeugte HTML sieht dann folgendermaßen aus:

```
1   <!DOCTYPE html PUBLIC "-//W3C//DTD XHTML 1.0 Frameset//EN" "h\
2   ttp://www.w3.org/TR/xhtml1/DTD/xhtml1-frameset.dtd">
```

```
1   doctype 1.1
```

Das erzeugte HTML sieht dann folgendermaßen aus:

```
1   <!DOCTYPE html PUBLIC "-//W3C//DTD XHTML 1.1//EN" "http://www\
2   .w3.org/TR/xhtml11/DTD/xhtml11.dtd">
```

```
1   doctype basic
```

Das erzeugte HTML sieht dann folgendermaßen aus:

```
1   <!DOCTYPE html PUBLIC "-//W3C//DTD XHTML Basic 1.1//EN" "http\
2   ://www.w3.org/TR/xhtml-basic/xhtml-basic11.dtd">
```

```
1   doctype mobile
```

Das erzeugte HTML sieht dann folgendermaßen aus:

```
1   <!DOCTYPE html PUBLIC "-//WAPFORUM//DTD XHTML Mobile 1.2//EN"\
2    "http://www.openmobilealliance.org/tech/DTD/xhtml-mobile12.d\
3   td">
```

Eigene Doctypes

Falls davon abweichende Doctypes notwendig sind, lässt sich folgende Syntax nutzen:

```
1   doctype html PUBLIC "-//W3C//DTD XHTML Basic 1.1//EN"
```

Folgendes HTML wird daraus erstellt:

```
1    <!DOCTYPE html PUBLIC "-//W3C//DTD XHTML Basic 1.1//EN">
```

Optionen

Die Doctypes sind nicht nur eine Information für den Browser. Sie sollten unbedingt die Jade-Version nehmen, denn diese wirken sich auch auf den HTML-Generator aus, beispielsweise auf den Umgang mit schließenden Tags.

Hier der direkte Aufruf des Renderers mit dem Doctype 'XHTML':

```
1    var jade = require('jade');
2
3    // Übersetzen
4    var fn = jade.compile('img(src="foo.png")',
5                            { doctype: 'xml' });
6
7    // Rendern
8    var html = fn({});
```

Folgendes HTML wird daraus erstellt:

```
1    <img src="foo.png"></img>
```

Wird dagegen HTML erzeugt, wird das Tag nicht geschlossen:

```
1    // Übersetzen
2    var fn = jade.compile('img(src="foo.png")',
3                            { doctype: 'html' });
4
5    // Rendern
6    var html = fn({});
```

Folgendes HTML wird daraus erstellt:

```
1    <img src="foo.png">
```

2.2 Attribute

Attribute sehen aus wie in HTML, die Argumente sind allerdings JavaScript, sodass hier einfach dynamisch gearbeitet werden kann.

 Serverseitiges JavaScript

Beachten Sie, dass das JavaScript in Argumenten auf dem Server ausgeführt wird und aus Sicht des Clients statisches HTML gesendet wird.

```
1    a(href='google.com') Google
2    a(class='button', href='google.com') Google
```

Übersetzt sieht das folgendermaßen aus:

```
1    <a href="google.com">Google</a><a href="google.com" class="bu\
2    tton">Google</a>
```

Alle üblichen JavaScript-Ausdrücke funktionieren problemlos. Sie werden mit - abgetrennt, damit Jade sie nicht als HTML interpretiert:

```
1    - var authenticated = true
2    body(class=authenticated ? 'auth' : 'anon')
```

Übersetzt sieht das folgendermaßen aus:

```
1    <body class="auth"></body>
```

Mehrere Attribute lassen sich zur Verbesserung der Lesbarkeit auf mehrere Zeilen aufteilen:

```
1  input(
2    type='checkbox'
3    name='agreement'
4    checked
5  )
```

Übersetzt nach HTML sieht das folgendermaßen aus:

```
1  <input type="checkbox" name="agreement" checked="checked"/>
```

Nicht codierte Attribute

Standardmäßig werden alle Attribute codiert, d.h. Sonderzeichen werden durch entsprechende Entitäten ersetzt (< durch > und > durch < usw.). Mit den Zuweisungszeichen = und != lässt sich das Verhalten steuern:

```
1  div(escaped="<code>")
2  div(unescaped!="<code>")
```

In HTML sieht das folgendermaßen aus:

```
1  <div escaped="&lt;code&gt;"></div>
2  <div unescaped="<code>"></div>
```

 Vorsicht!

Es ist gefährlich bei Benutzereingaben, die an Sichten weitergeleitet werden, das Kodieren abzuschalten. Nutzer können sonst aktiven Code auf den Server einschleusen.

Logische-Attribute

Logische (boolean) Attribute werden in Jade als Funktionen darge-
stellt, die Argumente verarbeiten können, die ihrerseits true oder
false ergeben. Wird kein Argument angegeben, ist der Standard
true.

```
1  input(type='checkbox', checked)
2  input(type='checkbox', checked=true)
3  input(type='checkbox', checked=false)
4  input(type='checkbox', checked=true.toString())
```

Übersetzt sieht das folgendermaßen aus:

```
1  <input type="checkbox" checked="checked"/>
2  <input type="checkbox" checked="checked"/>
3  <input type="checkbox"/>
4  <input type="checkbox" checked="true"/>
```

Wenn der Doctype des Dokuments HTML ist, werden die verkürz-
ten Attribute benutzt, wie sie alle Browser verstehen:

```
1  doctype html
2  input(type='checkbox', checked)
3  input(type='checkbox', checked=true)
4  input(type='checkbox', checked=false)
5  input(type='checkbox', checked=true && 'checked')
```

Übersetzt sieht das folgendermaßen aus:

```
1  <!DOCTYPE html>
2  <input type="checkbox" checked>
3  <input type="checkbox" checked>
4  <input type="checkbox">
5  <input type="checkbox" checked="checked">
```

Stil-Attribute

Das style-Attribut ist etwas komplexer, weil die Parameter ein Stil-Objekt darstellen. Im Gegensatz zur reinen HTML-Version, die nur als Zeichenkette gelesen werden kann, verarbeitet Jade hier in der Tat ein JSON-Objekt.

```
1  a(style={color: 'red', background: 'green'})
```

Dies sieht in HTML dann folgendermaßen aus:

```
1  <a style="color:red;background:green"></a>
```

 JSON

JSON steht für JavaScript Object Notation. Es handelt sich um ein kompaktes Datenformat in für Mensch und Maschine einfach lesbarer Textform zum Zweck des Datenaustauschs zwischen Anwendungen. Jedes gültige JSON-Dokument soll gültiges JavaScript sein. Wird auf dem Server und auf dem Client mit JavaScript gearbeitet, handelt es sich bei JSON quasi um das *natürliche* Format zur Datenübertragung und Objektdefinition.

&-Attribute

Diese spezielle Form, genannt "und-Attribute" (engl. "and attributes") wird benutzt, um ein Objekt in Attribute zu zerlegen:

```
1   div#foo(data-bar="foo")&attributes({'data-foo': 'bar'})
```

In HTML wird dann daraus folgendes:

```
1   <div id="foo" data-bar="foo" data-foo="bar"></div>
```

Dabei muss es sich nicht um ein Objekt-Literal handeln, eine Variable die ein Objekt liefert eignet sich ebenso.

```
1   - var attributes = {'data-foo': 'bar'};
2   div#foo(data-bar="foo")&attributes(attributes)
```

Hier entsteht dasselbe HTML draus:

```
1   <div id="foo" data-bar="foo" data-foo="bar"></div>
```

 Diese Funktion codiert HTML nicht. Wenn die Daten aus einer Benutzereingabe stammen ist eine explizite Untersuchung auf eingebettete Codes notwendig. Vergleichen Sie dazu auch den Umgang mit Mixins, die das Codieren immer übernehmen.

2.3 Umgang mit CSS-Klassen

CSS-Klassen werden durch Attribute oder Literale beschrieben.

Das class-Attribut

Das class-Attribut kann wie jedes Attribut mit einer Zeichenkette benutzt werden. Nun kommt es häufig vor, dass mehrere Klassennamen gesetzt werden. Dafür sind auch Arrays erlaubt.

```
1   - var classes = ['btn', 'btn-default']
2   a(class=classes)
3   a.bing(class=classes class=['bing'])
```

Wie in Zeile 3 gezeigt, kann das Atribut wiederholt werden. Jade
kombiniert die Einträge dann. In HTML wird dann daraus folgendes:

```
1   <a class="btn btn-default"></a>
2   <a class="btn btn-default bing"></a>
```

Wenn Klassennamen über Bedingungen gesetzt werden, muss meist
eine separate Logik her. In Jade eignet sich dafür ein Objekt-
Mapping:

```
1   - var curUrl = '/about'
2   a(class={active: curUrl === '/'} href='/') Home
3   a(class={active: curUrl === '/about'} href='/about') Über uns
```

Dies sieht in HTML dann folgendermaßen aus:

```
1   <a href="/">Home</a>
2   <a href="/about" class="active">Über uns</a>
```

2.4 Das Class-Literal

Noch einfacher ist die direkte Nutzung der Literale aus CSS:

```
1   a.button
```

Dies sieht in HTML dann folgendermaßen aus:

```
1   <a class="button"></a>
```

Eine Besonderheit bei den Literalen ist das ‹div›-Tag. Dies ist der Standard, wenn kein Element angegeben wird:

```
1   .content
```

In HTML wird dann daraus folgendes:

```
1   <div class="content"></div>
```

2.5 ID-Literal

IDs nutzen die #idname-Syntax:

```
1   a#main-link
```

Dies sieht in HTML dann folgendermaßen aus:

```
1   <a id="main-link"></a>
```

Da das div-Element sehr häufig benutzt wird, können Sie es weglassen:

```
1   #content
```

In HTML wird dann daraus folgendes:

```
1   <div id="content"></div>
```

2.6 Befehle

Befehle bringen interaktive Abschnitte in die Vorlage. Sie ähneln den Möglichkeiten von JavaScript, werden jedoch vor der Skript-Ebene verarbeitet. HTML kann direkt eingebettet werden.

Fallunterscheidung (case)

case ist eine Prozessanweisung und entspricht dem switch in JavaScript. Die case-Zweige in JavaScript werden bei Jade als when geschrieben:

```
1   - var friends = 10
2   case friends
3     when 0
4       p Du hast keine Freunde
5     when 1
6       p Du hast einen Freund
7     default
8       p Du hast #{friends} Freunde
```

In HTML wird dann daraus folgendes:

```
1   <p>Du hast 10 Freunde</p>
```

Weiterleitung zum nächsten Fall

Ebenso wie in JavaScript fällt die Anweisung zum nächsten Zweig durch, wenn keine Anweisung folgt:

```
1  - var friends = 0
2  case friends
3    when 0
4    when 1
5      p Du hast kaum Freunde
6    default
7      p Du hast #{friends} Freunde
```

In HTML wird dann daraus folgendes:

```
1  <p>Du hast kaum Freunde</p>
```

Erweiterung von Blöcken

Statt der mehrzeiligen Schreibweise können kurze Texte auf dersel-
ben Zeile platziert werden und sind dann auf diese Zeile begrenzt:

```
1  - var friends = 1
2  case friends
3    when 0: p Du hast keinen Freund
4    when 1: p Du hast einen Freund
5    default: p Du hast #{friends} Freunde
```

Das HTML sieht dann folgendermaßen aus:

```
1  <p>Du hast einen Freund</p>
```

Bedingungen (if)

Bedingungen sind ein elementarer Baustein in Jade. Gegenüber
JavaScript ist die Schreibweise geringfügig vereinfacht – so können
Sie die Klammern um die Bedingung weglassen.

```
1   - var user = { description: 'Mustertext' }
2   - var authorised = false
3   #user
4     if user.description
5       h2 Beschreibung
6       p.description= user.description
7     else if authorised
8       h2 Beschreibung
9       p.description.
10        Benutzer hat keine Beschreibung,
11          füge eine hinzu...
12    else
13      h1 Beschreibung
14      p.description Benutzer hat keine Beschreibung
```

Die Eingabedaten bestimmen dann, welches HTML entsteht:

```
1   <div id="user">
2     <h2>Beschreibung</h2>
3     <p class="description">Mustertext</p>
4   </div>
```

Es gibt weiterhin das Schlüsselwort unless für negierte Bedingungen:

```
1   unless user.isAnonymous
2     p Du bist als #{user.name} angemeldet
```

Dies ist vollkommen identisch zum folgenden Ausdruck:

```
1   if !user.isAnonymous
2     p Du bist als #{user.name} angemeldet
```

Iterationen

Mit each und while stehen zwei Möglichkeiten bereit, Schleifen zu bilden.

each

Die Anwendung von each ist weitgehend intuitiv:

```
1  ul
2    each val in [1, 2, 3, 4, 5]
3      li= val
```

Das HTML wird auf Basis des Arrays auf dem Server gebildet:

```
1  <ul>
2    <li>1</li>
3    <li>2</li>
4    <li>3</li>
5    <li>4</li>
6    <li>5</li>
7  </ul>
```

Mit zwei Parametern besteht Zugriff auf den Index und den Lauf-wert:

```
1  ul
2    each val, index in ['zero', 'one', 'two']
3      li= index + ': ' + val
```

Das HTML zeigt, dass der Index 0-basiert ist:

```
1  <ul>
2    <li>0: zero</li>
3    <li>1: one</li>
4    <li>2: two</li>
5  </ul>
```

Werden Hashes (Objekt-Maps) benutzt, so lassen sich Index und Wert noch genauer bestimmen:

```
1  ul
2    each val, index in {1:'one',2:'two',3:'three'}
3      li= index + ': ' + val
```

Das HTML zeigt, dass der Index vom Quellobjekt bestimmt ist:

```
1  <ul>
2    <li>1: one</li>
3    <li>2: two</li>
4    <li>3: three</li>
5  </ul>
```

Statt der direkten Angabe lässt sich natürlich jeder JavaScript-Ausdruck benutzen, der eine passende Struktur erzeugt oder enthält:

```
1  - var values = [];
2  ul
3    each val in values.length ? values : ['Keine Werte']
4      li= val
```

Da das Array im Beispiel leer ist, wird folgendes HTML erzeugt:

```
1  <ul>
2    <li>Keine Werte</li>
3  </ul>
```

 ## Alias-Namen

Das Schlüsselwort for kann als Alias für each benutzt werden.

while

Eine Schleife mit while verfügt über eine Abbruchbedingung. Die Schleife wird durchlaufen. solange der Ausdruck true ergibt.

```
1   - var n = 0
2   ul
3     while n < 4
4       li= n++
```

Das dynamisch erzeugte HTML sieht nun folgendermaßen aus:

```
1   <ul>
2     <li>0</li>
3     <li>1</li>
4     <li>2</li>
5     <li>3</li>
6   </ul>
```

2.7 JavaScript-Code

Mit Jade können JavaScript-Fragmente direkt in die Seite geschrieben werden. Diese Teile werden dann serverseitig ausgeführt. Es gibt dabei drei Arten von Code:

Ungepufferte Codes
Die Ergebnisse beim Verarbeiten werden sofort in die Ausgabe geschrieben.

Gepufferte Codes
Die Ergebnisse beim Verarbeiten werden zuerst in einen Puffer geschrieben und am Ende der Anweisung komplett gesendet.

Gepufferte und nicht codierte Codes
Die Ergebnisse beim Verarbeiten werden zuerst in einen Puffer geschrieben und am Ende der Anweisung komplett gesendet. Dabei erfolgt keine Codierung der Ausgabe.

Ungepufferte Codes

Ungepuffert und auch nicht codiert sieht das folgendermaßen aus:

```
1  - for (var x = 0; x < 3; x++)
2    li item
```

Vorsicht!

Wie in den vorangegangenen Beispielen sollten Sie
Vorsicht bei der Umsetzung von Benutzereingaben
walten lassen, um zu verhindern, dass in solche Konstrukte Code eingeschleust wird. Der eingeschleuste
JavaScript-Code würde serverseitig ausgeführt werden.

Im HTML entsteht aus dem letzten Beispiel folgendes:

```
1  <li>item</li>
2  <li>item</li>
3  <li>item</li>
```

Dies funktioniert auch mit Blöcken (das - -Zeichen ist alleinstehend
abgesetzt und der folgende Text eingerückt):

```
1  -
2    list = ["Uno", "Dos", "Tres",
3           "Cuatro", "Cinco", "Seis"]
4  each item in list
5    li= item
```

Auch diese Schleife generiert pures HTML:

```
1    <li>Uno</li>
2    <li>Dos</li>
3    <li>Tres</li>
4    <li>Cuatro</li>
5    <li>Cinco</li>
6    <li>Seis</li>
```

Gepufferte Code

Der gepufferte Teil startet mit einem =-Zeichen und gibt das Ergebnis der Berechnung in JavaScript aus. Hier die codierte Variante (beachten Sie die Einrückung auf Zeile 2):

```
1    p
2      = 'Dieser Code ist <kodiert>!'
```

Im HTML sehen Sie, wie die Sonderzeichen konvertiert wurden:

```
1    <p>Dieser Code ist &lt;kodiert&gt;!</p>
```

JavaScript-Ausdrücke lassen sich auch hier einsetzen:

```
1    p= 'Dieser Code ist' + ' <kodiert>!'
```

Es ergibt sich dasselbe Ergebnis wie im vorherigen Beispiel:

```
1    <p>Dieser Code ist &lt;kodiert&gt;!</p>
```

Gepufferte und nicht codierte Codes

Die Codierung startet wieder mit dem !=-Operator. Beachten Sie auch hier, dass dies in Bezug auf Daten aus Benutzereingaben nicht sicher ist.

```
1  p
2    != 'Dieser Code ist <strong>nicht</strong> kodiert!'
```

Das folgende HTML wird daraus erstellt:

```
1  <p>Dieser Code ist <strong>nicht</strong> kodiert!
2  </p>
```

Auch in dieser Nutzung können JavaScript-Ausdrücke eingesetzt werden:

```
1  p!= 'Dieser Code ist' + ' <strong>nicht</strong> kodiert!'
```

Das folgende HTML wird daraus erstellt:

```
1  <p>Dieser Code ist <strong>nicht</strong> kodiert!</p>
```

2.8 Kommentare

Kommentare werden wie in JavaScript geschrieben, werden dann jedoch in HTML-Kommentare konvertiert, also nicht komplett entfernt:

```
1  // Hier folgt etwas HTML:
2  p foo
3  p bar
```

Das folgende HTML wird daraus erstellt:

```
1   <!-- Hier folgt etwas HTML: -->
2   <p>foo</p>
3   <p>bar</p>
```

Wird hinter das Kommentarzeichen ein Strich gesetzt, wird der Kommentar entfernt und im HTML nicht wiederholt:

```
1   //- Dies ist nicht für die Öffentlichkeit
2   p foo
3   p bar
```

Das folgende HTML wird daraus erstellt:

```
1   <p>foo</p>
2   <p>bar</p>
```

Kommentarblöcke

Soll sich ein Kommentar über mehrere Zeilen erstrecken, so wird das Kommentarzeichen alleine auf eine Zeile gestellt:

```
1   body
2     //
3       So viel Text wie
4       Sie mögen
```

Das folgende HTML wird daraus erstellt:

```
1  <body>
2   <!--
3     So viel Text wie
4     Sie mögen
5   -->
6  </body>
```

Bedingte Kommentare

Der Internet Explorer kann Abschnitte bedingt ausführen, um ab-
wärtskompatiblen HTML-Code zu schreiben. Jade hat dafür keine
spezielle Syntax. Da jeder nicht weiter erkannte Text aber unverändert ausgegeben wird werden Zeilen, die mit dem <-Zeichen
beginnen, direkt ins HTML transportiert:

```
1  <!--[if IE 8]>
2  <html lang="en" class="lt-ie9">
3  <![endif]-->
4  <!--[if gt IE 8]><!-->
5  <html lang="en">
6  <!--<![endif]-->
```

2.9 Erben von Vorlagen

Zum Erben von Vorlagen wird das Schlüsselwort extends benutzt.
Damit lassen sich auch vordefinierte Bereiche der Layout-Seite
gezielt überschreiben. Zuerst die Layout-Seite:

Datei: layout.jade

```
1  doctype html
2  html
3    head
4      block title
5        title Default title
6    body
7      block content
```

Die eigentliche Seite nutzt (erbt) nun diese Layout-Seite. Der Bereich `block` und darin der Bereich `title` wird überschrieben. Die Angaben sind freiwillig und wenn sie nicht vorhanden wären, würde der Inhalt der Layout-Seite angezeigt werden.

Datei: index.jade

```
1  extends layout
2
3  block title
4    title Meine Artikel
5
6  block content
7    h1 Hier steht der Inhalt
```

Das finale HTML sieht nun folgendermaßen aus:

```
1   <!doctype html>
2   <html>
3     <head>
4       <title>Meine Artikel</title>
5     </head>
6     <body>
7       <h1>Hier steht der Inhalt</h1>
8     </body>
9   </html>
```

Hier steht der Inhalt

Abbildung: Ausgabe der Musterseite

Komplexere Layouts

Die Vererbung der Layout-Seiten kann über mehrere Stufen gehen, d.h. in einer Layout-Seite kann eine weitere aufgerufen werden. So lassen sich komplexere verschachtelte Layouts entwerfen.

Details zum Vererben von Vorlagen

Das einfache Vererben von Vorlagen kann erweitert werden, indem mit `block` Bereiche festgelegt werden, die gezielt überschrieben werden können. Ein "Block" ist dabei Jade-Code, der ersetzt werden kann. Der Vorgang ist rekursiv.

Wenn der Platzhalter mit Inhalt bestückt ist, fungiert dieser als Standard. Betrachten Sie die folgende Layout-Seite:

Datei: layout.jade

```
1    html
2      head
3        title My Site - #{title}
4        block scripts
5          script(src='/jquery.js')
6      body
7        block content
8        block foot
9          #footer
10           p Inhalt der Fußzeile
```

Diese wird nun mittels extends benutzt. Die Seite *index.jade* im folgenden Beispiel überschreibt dabei die Blöcke *scripts* und *content*. Der Block *foot* bleibt dagegen unverändert und wird aus der Layout-Seite übernommen.

Datei: index.jade

```
1    extends layout
2
3    block scripts
4      script(src='scripts/jquery.js')
5      script(src='scripts/data.js')
6
7    block content
8      h1= title
9      each pet in pets
10       include pet
```

In einem Block können weitere Blöcke definiert werden, die bei weiteren Ableitungen verschachtelter Layout-Seiten wiederum überschrieben werden. Die weitere Layout-Seite *sub-layout.jade* wird folgendermaßen definiert:

Datei: sub-layout.jade

```
1   extends layout
2
3   block content
4     .sidebar
5       block sidebar
6         p nothing
7     .primary
8       block primary
9         p nothing
```

Die Seite *page-b.jade* nutzt diese abgeleitete Layout-Seite nun:

Datei: page-b.jade

```
1   extends sub-layout
2
3   block content
4     .sidebar
5       block sidebar
6         p nothing
7     .primary
8       block primary
9         p nothing
```

Die Blöcke *sidebar* und *primary* werden hier überschrieben.

Blöcken Inhalt voran- und hintenanstellen

Neben dem blanken Ersetzen lassen sich Inhalte auch voranstellen (prepend) oder ergänzen (append). Bei der Definition ändert sich erstmal nichts:

```
1   html
2     head
3       block head
4         script(src='/vendor/jquery.js')
5         script(src='/vendor/bootstrap.js')
6     body
7       block content
```

Weitere Skripte lassen sich nun wie folgt ergänzen:

```
1   extends layout
2
3   block append head
4     script(src='/scripts/data.js')
```

Das Schlüsselwort `block` ist bei der Benutzung von `prepend` oder `append` optional:

```
1   extends layout
2
3   append head
4     script(src='/scripts/data.js')
```

Dateierweiterung

In diesem Beispiel wurde die Dateierweiterung *.jade* weggelassen. Diese ist optional, wenn der Standard *.jade* benutzt wird.

2.10 Filter

Filter dienen dazu, innerhalb des Quelltextes andere Sprachen zu nutzen. Typische Beispiele sind Markdown und CoffeeScript.

```
1  :markdown
2    # Markdown
3
4    I often like including markdown documents.
5
6  script
7    :coffee-script
8      console.log 'This is coffee script'
```

Der Sprachblock wird mit dem : -Zeichen eingeleitet und entsprechend interpretiert. Das vorangegangene Beispiel sieht in HTML wie folgt aus:

```
1  <h1>Markdown</h1>
2  <p>I often like including markdown documents.</p>
3  <script>console.log('This is coffee script')</script>
```

Ausführzeitpunkt

Filter werden beim Übersetzen der Seite ausgeführt. Innerhalb des Filters können deshalb keine dynamischen Ausdrücke stehen. Die Ausführung ist dafür sehr schnell.

2.11 Partielle Seiten

Komplexe Seiten lassen sich in Teile – partielle Seiten – zerlegen. Das Einbinden erfolgt mit dem Schlüsselwort includes und der Angabe des Dateinamens, gegebenenfalls mit dem relativen Pfad.

Datei: index.jade

```
1  doctype html
2  html
3    include ./parts/head.jade
4    body
5      h1 Meine Seite
6      p Welcome to my super lame site.
7      include ./includes/foot.jade
```

Datei: parts/head.jade

```
1  head
2    title Meine Seite
3    script(src='/javascripts/jquery.js')
4    script(src='/javascripts/app.js')
```

Datei: parts/foot.jade

```
1  #footer
2    p Copyright (c) foobar
```

Daraus entsteht folgendes HTML:

```
1  <!doctype html>
2  <html>
3    <head>
4      <title>My Site</title>
5      <script src='/javascripts/jquery.js'></script>
6      <script src='/javascripts/app.js'></script>
7    </head>
8    <body>
9      <h1>My Site</h1>
10      <p>Welcome to my super lame site.</p>
11      <div id="footer">
12        <p>Copyright (c) foobar</p>
13      </div>
14    </body>
15  </html>
```

Text einbinden

Partielle Seiten müssen nicht nur Jade sein, auch einfacher Text kann benutzt werden. Jade erkennt dies automatisch:

index.jade

```
1   doctype html
2   html
3     head
4       style
5         include style.css
6     body
7       h1 My Site
8       p Welcome to my super lame site.
9       script
10        include script.js
```

style.css

```
1   /* style.css */
2   h1 { color: red; }
```

script.js

```
1   // script.js
2   console.log('You are awesome');
```

Daraus entsteht folgendes HTML:

```
1    <!doctype html>
2    <html>
3      <head>
4        <style>
5          /* style.css */
6          h1 { color: red; }
7        </style>
8      </head>
9      <body>
10       <h1>My Site</h1>
11       <p>Welcome to my super lame site.</p>
12       <script>
13         // script.js
14         console.log('You are awesome');
15       </script>
16     </body>
17   </html>
```

Kombination aus Filtern und partiellen Seiten

Bei der Kombination aus Filtern und partiellen Seiten werden Seiten
eingebunden, die Inhalte in anderen Sprachen enthalten.

Datei: index.jade

```
1    doctype html
2    html
3      head
4        title Ein Artikel
5      body
6        include:markdown article.md
```

Die eingeschlossene Seite wird hier als Markdown interpretiert:

Datei: article.md

```
1   # Überschrift in Markdown
2
3   Dieser Artikel wurde in Markdown erstellt
```

Daraus entsteht folgendes HTML:

```
1   <!doctype html>
2   <html>
3     <head>
4       <title>Ein Artikel</title>
5     </head>
6     <body>
7       <h1>Überschrift in Markdown</h1>
8       <p>Dieser Artikel wurde in Markdown erstellt.</p>
9     </body>
10  </html>
```

Vor allem die Kombination mit Markdown ist interessant, weil bereits vorliegende Inhalte unverändert übernommen werden können.

2.12 Interpolationen

Interpolationen ersetzen Variablen in Zeichenfolgen. Vergleichbare Techniken kennt wohl fast jede Programmiersprache. Jade kennt folgende Operatoren:

- Codierte Zeichenketten-Interpolation
- Nicht codierte Zeichenketten-Interpolation
- Tag-Interpolation

Codierte Zeichenketten-Interpolation

In der folgenden Vorlage werden einige Variablen definiert und dann in Ausdrücken eingesetzt, ohne erneut auf JavaScript-Syntax zuzugreifen:

```
1   - var title = "Einführung in Node.js";
2   - var author = "Joerg";
3   - var version = "<span>0.11</span>";
4
5   h1= title
6   p Zusammengestellt von #{author}
7   p #{version}
```

Das folgende HTML zeigt das Ergebnis der Interpolation:

```
1   <h1>Einführung in Node.js</h1>
2   <p>Zusammengestellt von Joerg</p>
3   <p> Für die Version: &lt;span&gt;0.11!&lt;/span&gt;</p>
```

Der Code zwischen #{ und } wird ausgewertet, codiert und als gepuffertes Ergebnis an die Ausgabe gesendet. Der Ausdruck selbst kann wiederum JavaScript sein, sodass sogar hier komplexere Ausdrücke entstehen können.

```
1   - var msg = "ziemlich cool";
2   p Dies ist #{msg.toUpperCase()}
```

Daraus entsteht in diesem Fall ziemlich cooles HTML:

```
1   <p>Dies ist ZIEMLICH COOL</p>
```

Nicht codierte Zeichenketten-Interpolation

Falls Sicherheit nicht notwendig ist oder HTML gewünscht ist, geht auch hier wieder die nicht codierte Variante:

```
1   - var riskyQuote = "<em>Node braucht Jade.</em>";
2   .quote
3     p Joerg: !{riskyQuote}
```

Das HTML wird unverändert ausgegeben:

```
1   <div class="quote">
2     <p>Joerg: <em>Node braucht Jade.</em></p>
3   </div>
```

Tag-Interpolation

Interpolationen lassen sich auch direkt in Tags einsetzen. Hierzu
wird #[] benutzt.

```
1   p.
2     Wenn Sie sich den Quellcode auf #[a(target="_blank", href="\
3   https://github.com/jadejs/jade/blob/master/docs/views/referen\
4   ce/interpolation.jade") GitHub],
5     ansehen, finden Sie viele Stellen wo die Interpolation ben\
6   utzt wird.
```

Hieraus ensteht recht kompaktes HTML:

```
1   <p>Wenn Sie sich den Quellcode auf  <a target="_blank" href="\
2   https://github.com/jadejs/jade/blob/master/docs/views/referen\
3   ce/interpolation.jade"> GitHub</a>,
4     ansehen, finden Sie viele Stellen wo die Interpolation benu\
5   tzt wird.
6   </p>
```

Der Renderer nutzt intern seinen Puffer zur Ablage und zum
Weiterleiten, sodass dies besser ist als direkt HTML einzubinden.

2.13 Mixins (Funktionen)

Mixins erzeugen wiederverwendbare Blöcke aus Jade-Code. Damit lassen sich endlose Wiederholungen gleicher HTML-Bausteine vermeiden. Besonders im Zusammenhang mit Bootstrap lassen sich so komplexere Konstrukte vorbereiten und dann jederzeit einsetzen.

Ein Mixin (lies: Funktion) wird folgendermaßen deklariert:

```
1  mixin list
2    ul
3      li foo
4      li bar
5      li baz
```

Die Benutzung basiert auf einem speziellen Operator:

```
1  +list
2  +list
```

Die Benutzung wird mit dem +-Zeichen eingeleitet. Im HTML ist davon nichts mehr zu finden:

```
1   <ul>
2     <li>foo</li>
3     <li>bar</li>
4     <li>baz</li>
5   </ul>
6   <ul>
7     <li>foo</li>
8     <li>bar</li>
9     <li>baz</li>
10  </ul>
```

Mixins sind JavaScript-Funktionen und können wie diese mit Parametern versehen werden:

```
1   mixin pet(name)
2     li.pet= name
3   ul
4     +pet('Katze')
5     +pet('Hund')
6     +pet('Vogel')
```

Folgendes HTML entsteht daraus:

```
1   <ul>
2     <li class="pet">Katze</li>
3     <li class="pet">Hund</li>
4     <li class="pet">Vogel</li>
5   </ul>
```

Mixin-Blöcke

Mixins können eine Block mit Jade-Code aufnehmen und gewinnen damit weiter an Dynamik:

```
1   mixin article(title)
2     .article
3       .article-wrapper
4         h1= title
5         if block
6           block
7         else
8           p Keine Inhalte
9
10  +article('Hallo Jade')
11
12  +article('Hallo Jade')
13    p Dies ist ein
14    p Artikel zu Node.js
```

Folgendes HTML entsteht daraus:

```
1    <div class="article">
2      <div class="article-wrapper">
3        <h1>Hallo Jade</h1>
4        <p>Keine Inhalte</p>
5      </div>
6    </div>
7    <div class="article">
8      <div class="article-wrapper">
9        <h1>Hallo Jade</h1>
10       <p>Dies ist ein</p>
11       <p>Artikel zu Node.js</p>
12     </div>
13   </div>
```

Mixin-Attribute

Ähnlich wie bei JavaScript-Funktionen können Mixins Parameter über ein implizites attributes-Objekt aufnehmen:

```
1    mixin link(href, name)
2      //- attributes == {class: "btn"}
3      a(class!=attributes.class, href=href)= name
4
5    +link('/foo', 'foo')(class="btn")
```

Folgendes HTML entsteht daraus:

```
1    <a href="/foo" class="btn">foo</a>
```

Die Werte werden wieder automatisch codiert. Ist das nicht gewünscht, muss != benutzt werden. Eine Kombination mit den &attributes ist ebenso möglich.

```
1   mixin link(href, name)
2     a(href=href)&attributes(attributes)= name
3
4   +link('/foo', 'foo')(class="btn")
```

Folgendes HTML entsteht daraus:

```
1   <a href="/foo" class="btn">foo</a>
```

Weitere Argumente

Ist die Anzahl der Argumente nur teilweise variabel, lässt sich eine
Definition der Art "der ganze Rest" aufbauen:

```
1   mixin list(id, ...items)
2     ul(id=id)
3       each item in items
4         li= item
5
6   +list('my-list', 1, 2, 3, 4)
```

Folgendes HTML entsteht daraus:

```
1   <ul id="my-list">
2     <li>1</li>
3     <li>2</li>
4     <li>3</li>
5     <li>4</li>
6   </ul>
```

2.14 Umgang mit Text

Einfacher Text wird nicht interpretiert und unverändert ausgegeben, auch wenn darin Steuerzeichen enthalten sind.

Text verbinden

Der | -Operator ("pipe") setzt vorhergehende Zeilen mit Text einfach fort.

```
1   | Einfacher Text kann <strong>html</strong> enthalten
2   p
3     | Er muss immer alleine auf einer Zeile stehen
```

Der Text kommt unverändert in der HTML-Seite an:

```
1   Einfacher Text kann <strong>html</strong> enthalten
2   <p>Er muss immer alleine auf einer Zeile stehen</p>
```

Inline im Tag

Tags in Tags sind in HTML an der Tagesordnung. Denn in fast jedem Blockelement sind diverse Inline-Elemente zu finden (<span> im <div>). Text nach einem Element wird unverändert übernommen und kann HTML enthalten. Das ist oftmals einfacher, als die komplette Hierarchie zu definieren:

```
1   p Einfacher Text kann <strong>HTML</strong> haben
```

Das HTML kommt unverändert in der Seite an:

```
1   <p>Einfacher Text kann <strong>HTML</strong> haben</p>
```

Block im Tag

Oft werden große Blöcke mit Text benötigt. Skripte oder längere Stil-Definitionen sind gute Beispiele dafür. Hier wird selten Interaktivität verlangt. Um solch einen Block einzuleiten, wird dem Element-Befehl ein Punkt . nachgestellt:

```
1  script.
2    if (usingJade)
3      console.log('you are awesome')
4    else
5      console.log('use jade')
```

Der Inhalt kommt unverändert in der Seite an:

```
1  <script>
2    if (usingJade)
3      console.log('you are awesome')
4    else
5      console.log('use jade')
6  </script>
```

Umgang mit Tags

Tags werden lediglich durch Ihren Namen beschrieben, ohne die Markup-Klammern. Die Hierarchie wird durch die Einrückung (zwei Leerzeichen) festgelegt.

```
1  ul
2    li Item A
3    li Item B
4    li Item C
```

Aus diesem Beispiel entsteht gültiges HTML:

```
1  <ul>
2    <li>Item A</li>
3    <li>Item B</li>
4    <li>Item C</li>
5  </ul>
```

Wenn der Doctype dies verlangt werden selbstschließende Elemente automatisch erzeugt. Für das Element img sieht das folgendermaßen aus:

```
1   img
```

Hier entsteht gültiges HTML mit schließendem Tag:

```
1   <img/>
```

Erweiterungen von Blöcken

Verschachtelte Blöcke lassen, solange keine Inhalte folgen, auch in einer Zeile definieren. Dies erfolgt durch den :-Operator. Dies spart Platz bei häufigen typischen Kombinationen, beispielsweise mit Hyperlinks:

```
1   a: img
```

Aus diesem Beispiel entsteht gültiges HTML wie folgt:

```
1   <a><img/></a>
```

Selbstschließende Tags

Einige Tags, wie img, meta und link enthalten nie Inhalt. Sie sind deshalb selbstschließend, ausgenommen mit dem XML-Doctype. Solle dies unabhängig vom Doctype angezeigt werden, kann dies mit einem abschließenden /-Zeichen erfolgen.

```
1   meta/
2   link(rel='stylesheet')/
```

Aus diesem Beispiel entsteht folgendes HTML:

```
1   <meta/>
2   <link rel="stylesheet"/>
```

3. Die Jade-API

Jade ist ein Paket das neben der Verarbeitung der Vorlagen einige Funktionen als Programmierschnittstelle (API) bereitstellt. Diese API wird nachfolgend kurz beschrieben.

3.1 API-Optionen

Jede Methode der API akzeptiert ein Optionen, die als JSON-Struktur übergeben werden:

```
1   {
2       filename: string,
3       doctype: string,
4       pretty: boolean | string,
5       self: boolean,
6       debug: boolean,
7       compileDebug: boolean,
8       cache: boolean,
9       compiler: class,
10      parser: class,
11      globals: Array.<string>
12  }
```

Die einzelnen Parameter haben folgende Bedeutung:

filename
> Der Dateiname; wird beispielsweise in Ausnahmen angezeigt

doctype
> Der Doctype, wenn dieser nicht als Teil einer Vorlage angegeben werden soll

pretty

Zeigt an, ob Leerzeichen zum ausgegebenen HTML hinzugefügt werden sollen, um lesbaren Code zu erzeugen. Wenn eine Zeichenkette angegeben wird, ist dies der Wert, der zum Einrücken benutzt wird, z.B. \t.

self self-Namensraum für lokale Variable (standardmäßig false)

debug

Protokolliert Ausgaben nach stdout

compileDebug

Der Quellcode wird in die gerendete Ausgabe übertragen

cache

Funktionen werden gecachet. Schlüssel ist der Dateiname der Vorlage.

compiler

Ein alternativer Compiler kann angegeben werden.

parser

Ein alternativer Parser kann angegeben werden.

globals

Globale Variablen, die in allen Vorlagen bekanntgegeben werden

3.2 API-Funktionen

In allen Funktionen ist der Parameter options das zuvor beschriebene Options-Objekt. Nicht alle Optionen sind in allen Fällen sinnvoll.

jade.compile(source, options)

Diese Funktion übersetzt Jade-Code, sodass dieser dann mehrfach mit verschiedene Werten ausgeführt werden kann. Gibt eine Funktion zurück, die ausgeführt werden kann. Der Befehl auf Zeile 2 erstellt die Funktion, auf Zeile 3 wird diese dann ausgeführt.

```
1  var jade = require('jade');
2  var fn = jade.compile('p Jade ist cool!', options);
3  var html = fn(locals);
```

Dieses Skript erzeugt folgende Ausgabe:

```
1  <p>Jade ist cool!</p>
```

jade.compileFile(path, options)

Diese Funktion übersetzt Jade-Code aus einer Datei, sodass dieser dann mehrfach mit verschiedenen Werten ausgeführt werden kann. Gibt eine Funktion zurück, die ausgeführt werden kann. sourcepath ist der Pfad zur Jade-Datei. Der Befehl auf Zeile 2 erstellt die Funktion, auf Zeile 3 wird diese dann ausgeführt.

```
1  var jade = require('jade');
2  var fn = jade.compileFile('views/index.jade', options);
3  var html = fn(locals);
```

Dieses Skript erzeugt folgende Ausgabe, wenn die Datei *index.jade* den Text "p Jade ist cool!" enthält:

```
1  <p>Jade ist cool!</p>
```

jade.compileClient(source, options)

Hier wird eine JavaScript-Funktion gerendert, die dann später clientseitig ausgeführt werden kann und dort das erstellte HTML erzeugt.

```
1   var jade = require('jade');
2
3   // Funktion erstellen
4   var fn = jade.compileClient('p Jade ist cool!', options);
5
6   // Rendern der Funktion
7   var html = fn(locals);
```

Die Rückgabe ist dann JavaScript:

```
1   function template(locals) {
2     return "<p>Jade ist cool!</p>";
3   }
```

jade.compileClientWithDependenciesTracked (source, options)

Diese Methode entspricht der vorhergehende methode compileClient, erzeugt jedoch ein Objekt, das folgende Struktur hat:

```
1   {
2     'body': 'function (locals) {...}',
3     'dependencies': ['filename.jade']
4   }
```

Damit können Änderungen an Quelldateien überwacht werden. Ansonsten ist die einfache Variante zu bevorzugen.

jade.compileFileClient(path, options)

Hier wird eine JavaScript-Funktion gerendert, die dann später clientseitig ausgeführt werden kann und dort das erstellte HTML erzeugt. Die Quelle muss als Datei vorliegen.

Das Options-Objekt hat einen weiteren Parameter name. Diese bestimmt den Namen der Funktion, die erzeugt wird und auf dem Client aufgerufen werden kann. Hier ein Beispiel mit einer Quelldatei *jadeFile.jade*:

```
1   h1 Dies ist eine Vorlage
2   h2 Von #{author}
```

Diese wird nun dynamisch übersetzt (Zeile 4):

```
1   var fs   = require('fs');
2   var jade = require('jade');
3
4   var jsOut = jade.compileFileClient('/views/jadeFile.jade',
5     {
6         name: "templateFunction"
7     });
```

fs

Das Beispiel nutzt zum Dateizugriff das Standardmodul "fs" aus der node.js-Distribution.

Nehmen Sie an, Sie wollen alle Ihre Vorlagen in eine einzige Datei übersetzen und diese dann an den Client übertragen. Dann kann die Ausgabe des letzten Beispiels *jsOut* folgendermaßen gespeichert werden:

```
1   fs.writeFileSync("templates.js", jsOut);
```

Die Datei *templates.js*, die daraus entsteht, enthält dann die oben definierte Funktion *templateFunction*:

```
1   function templateFunction(locals) {
2     var buf = [];
3     var jade_mixins = {};
4     var jade_interp;
5
6     var locals_for_with = (locals || {});
7
8     (function (author) {
9       buf.push("<h1>Dies ist eine Vorlage</h1><h2>Von "
10          + (jade.escape((jade_interp = author) == null ? '' : ja\
11   de_interp))
12          + "</h2>");
13     }.call(this, "author" in locals_for_with ?
14       locals_for_with.author : typeof author !== "undefined" ?
15         author : undefined)
16     );
17
18     return buf.join("");
19   }
```

Damit das funktioniert, muss auch die Laufzeitumgebung von Jade verfügbar sein. Sie steht unter dem Namen *runtime.js* zur Verfügung. Im HTML des Clients sieht das dann folgendermaßen aus:

```
1   <!DOCTYPE html>
2   <html>
3     <head>
4       <script src="/runtime.js"></script>
5       <script src="/templates.js"></script>
6     </head>
7
8     <body>
9       <h1>Dies ist eine Vorlage</h1>
10
11      <script type="text/javascript">
12        var html = window.templateFunction({author: "Joerg"});
13        var div = document.createElement("div");
14        div.innerHTML = html;
```

```
15        document.body.appendChild(div);
16      </script>
17    </body>
18  </html>
```

jade.render(source, options)

Diese Funktion rendert direkt in HTML:

```
1   var jade = require('jade');
2   var html = jade.render('p Jade ist cool!', options);
```

Das HTML sieht nun so aus:

```
1   <p>Jade ist cool!</p>
```

jade.renderFile(filename, options)

Auch diese Funktion rendert direkt in HTML, nutzt aber als Eingabe
eine Datei:

```
1   var jade = require('jade');
2
3   var html = jade.renderFile('views/file.jade', options);
```

4. Die Kommandozeile

Die Kommandozeile kann Hilfsfunktionen direkt ausführen, z.B.
Seiten vorab in statisches HTML übersetzen.

4.1 Installation

Die Installation erfolgt via **npm**:

```
1   $ npm install jade --global
```

 CLI

Kommandzeilenwerkzeuge werden oft als "CLI" bezeichnet – Command Line Interface.

4.2 Benutzung und Optionen

Die Benutzung der Kommandozeile sieht folgendermaßen aus:

```
1   $ jade [options] [dir|file ...]
```

Tabelle: Optionen Jade-CLI

Optionen

-h, --help	Hilfe zur Benutzung
-V, --version	Version der Bibliothek
-O, --obj <path|str>	JavaScript-Optionen oder JSON-Datei mit einem passenden Objekt darin
-o, --out <dir>	Ausgabeverzeichnis für das HTML
-p, --path <path>	Dateipfad zum Auflösen von includes
-P, --pretty	HTML Ausgabe wird lesbar gestaltet
-c, --client	Übersetzungsfunktion für die clientseitige *runtime.js*
-n, --name <str>	Der Name des übersetzten Templates (erfordert –client)
-D, --no-debug	Ohne Debugger übersetzen (kleinere Funktionen)
-w, --watch	Überwacht Dateien auf Änderungen und rendert neu
-E, --extension <ext>	Gibt die Dateierweiterung für die Ausgabe an
--name-after-file	Name des Templates nach dem letzten Segment des Dateipfades beim Lesen der Vorlage (erfordert –client, überschrieben durch –name)
--doctype <str>	Bestimmt den Doctype auf der Kommandzeile (sinnvoll, wenn das Template nichts enthält)

Anwendungsbeispiele für die Kommandozeile

Übersetzen Sie Vorlagen lokal wie folgt:

```
1   $ jade templates
```

Erzeugen Sie zwei HTML-Dateien , "foo.html" und "bar.html":

```
1   $ jade {foo,bar}.jade
```

Jade-Ergebnisse können über `stdio` ausgegeben werden:

```
1   $ jade <my.jade> my.html
```

Eine Umleitung auf Jade erfolgt durch das Pipe-Symbol:

```
1   $ echo "h1 Jade!" | jade
```

Rendern Sie die Verzeichnisse "foo" und "bar" nach */tmp*:

```
1   $ jade foo bar --out /tmp
```